SONGS

1. A love That Transcends Time
2. A Night In Tunusia
3. A Place In This World
4. All Of The Stars
5. Alle Meine Entchen
6. Along The Ocean Shore
7. Alphabet Song
8. Anthropology
9. Australian National Anthem
10. Back Home Again In Indiana
11. Bella Ciao
12. Big Fish & Begonia
13. Bridge Over Troubled Watter
14. Carol Of The Bells
15. Castle In The Sky
16. City Of The Stars
17. Daniel Tiger's
18. Dark Cloud
19. Death Note - The World
20. Drink To Me Only With Thine Eyes
21. Farewell To Nova Scotia
22. Ghost Riders In The Sky
23. Hallelujah
24. Huron Carol
25. Hokoge's Funeral

26. In The Garden
27. IU - Eight
28. March In C major
29. Moon River
30. Morning Has Broken
31. My Sweet Lord
32. Nanana Song
33. Neverwinter Nights
34. O Holy Night
35. Ode To Joy
36. Once Upon A Dream
37. One Punch Man
38. Regent Square
39. Sadness And Sorrow
40. Season In The Sun
41. Song Of Mira
42. Song Of The Dragonborn
43. Swing Low, Sweet Chariot
44. Tale Of The Tongues
45. The End Of The World
46. The Last Of Us - Main Theme
47. The Three Little Kittens
48. This Pig Went To Market
49. What A Wonderful World
50. Wiegenlied

Hello, thank you very much for choosing us on your Kalimba learning journey. As the Santa Kalimba Family, we have contributed to thousands of people learning kalimba. This kalimba book consists of 50 great songs. We transferred the number system on Kalimba to a professional musical notation system. So you can play songs without knowing notes. We would like to remind you that music is a long journey that never ends. We wish you success on this journey. You can send a message to our Instagram address for your suggestions and requests. (Santakalimba)

Ilhan Ozcan
Kalimba Song Book

All Rights Reserved

santakalimba@gmail.com

SANTA KALIMBA

Chords on the 17-Note Kalimba in C

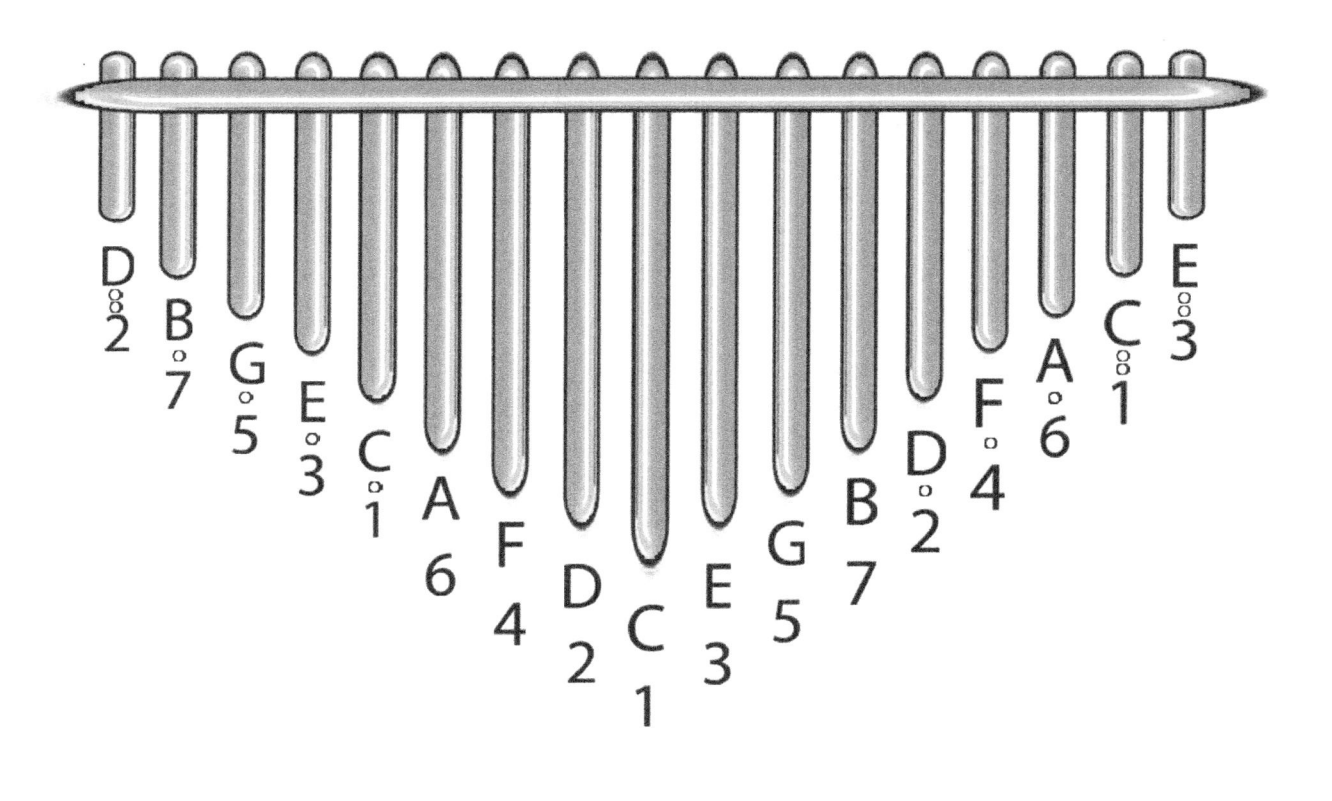

A LOVE THAT TRANSCENDS TIME

SANTA KALIMBA

3 5   6 6 1° 2° 3° 5°   3° 2° 1° 6 3° 2°   6 3° 2° 6 5   3 3 5

6 6 1° 2° 3° 5°   3° 2° 1° 6 3° 2°   6 3° 2° 6 5   6   3 5

6 5 6 7 5   6 5 2 3 3 5   6 5 6 1° 7 5   3 3 5

1.   2.

6 5 6 7 5   6 5 2 3 3° 2°   6 3° 2° 6 5   6 3 5

A NIGHT IN TUNISIA

SANTA KALIMBA

John Dizzy Gillespie
-Frank Paparelli

A PLACE IN THIS WORLD

SANTA KALIMBA

Taylor Swift

3

8

ALL OF THE STARS

SANTA KALIMBA

Ed Sheeran

ALLE MEİNE ENTCHEN

SANTA KALIMBA

German Children's Song

ALONG THE OCEAN SHORE

SANTA KALIMBA

Old Irish Folk Music

ALPHABET SONG

SANTA KALIMBA

♩ = 100

1 1 5 5   6 6 5   4 4 3 3   2 2 2 2 1   5 5 4   3 3 2

5 5 5 4   3 3 2   1 1 5 5   6 6 5   4 4 3 3   2 2 1

ANTHROPOLOGY

SANTA KALIMBA

Charlie Parker

AUSTRALIAN NATIONAL ANTHEM

SANTA KALIMBA

Peter Dodds McCormick

BACK HOME AGAIN IN INDIANA

SANTA KALIMBA

Ballard MacDonald James F. Hanley

$\quad\downarrow = 120$

1 3 6   1°   2° 1° 6   5 2   3 4   6 5   4

4 3 2   2 4 7   2   1 4 6   6 7   1° 5 3   2   5

1 4 6° 1°   2° 1° 6   5 2   3 4   6 3   6 5   4

4 5   6 5 6 4   5 6 5 3   4 2   2 1   1 4 6   6 5 7 6

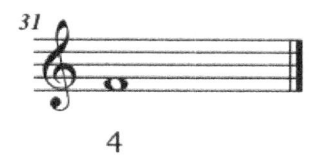

4

BELLA CIAO

SANTA KALIMBA

Traditional

BIG FISH & BEGONIA

SANTA KALIMBA

Kiyoshi Yoshida

BRIDGE OVER TROUBLED WATTER

SANTA KALIMBA

Paul Simon

20

CAROL OF THE BELLS

CASTLE IN THE SKY

SANTA KALIMBA

Joe Hisaishi

2° 3° 4° 3° 4° 6° 3° 6 2° 1° 2° 4° 1° 6 6 7 6 7 4° 6 4° 4°

4° 3° 2° 7 3° 3° 2° 3° 4° 3° 4° 6° 3° 6 2° 1° 2° 4° 1° 6 6

7 4° 3° 4° 5° 6° 4° 4° 3° 2° 3° 2° 2° 2° 4° 5° 6° 5° 6° 1° 5° 1°

4° 3° 4° 6° 3° 1° 1° 2° 3° 4° 3° 4° 5° 4° 1° 5° 4° 3° 2° 6° 6° 2°° 1°°

6° 5° 4° 4° 5° 4° 5° 1°° 6° 6° 2°° 1°° 6° 5° 4° 4° 5° 4° 5° 3° 2°

CITY OF STARS

SANTA KALIMBA

DANIEL TIGER'S
Neighborhood Theme

SANTA KALIMBA

26

DARK CLOUD
Music Box

SANTA KALIMBA

♩ = 120

27

DEATH NOTE - THE WORLD

SANTA KALIMBA

DRINK TO ME ONLY WITH THINE EYES

SANTA KALIMBA

♩ = 94

3 3 3 4 4 5 4 3 2 3 4 5 1 4 3 2 1 1

3 3 3 4 4 5 4 3 2 3 4 5 1 4 3 2 1 1 5

5 3 5 1 5 5 3 5 5 5 6 5 5 4 3 3 2 3 3 3 4 4

5 4 3 2 3 4 5 1 4 3 2 1 1

3x

FAREWELL TO NOVA SCOTIA

SANTA KALIMBA

Traditional

GHOST RIDERS IN THE SKY

SANTA KALIMBA

Stan Jones

HALLELUJAH

SANTA KALIMBA

Leonard Cohen

33

HURON CAROL

SANTA KALIMBA

Jesse Edgar Middleton

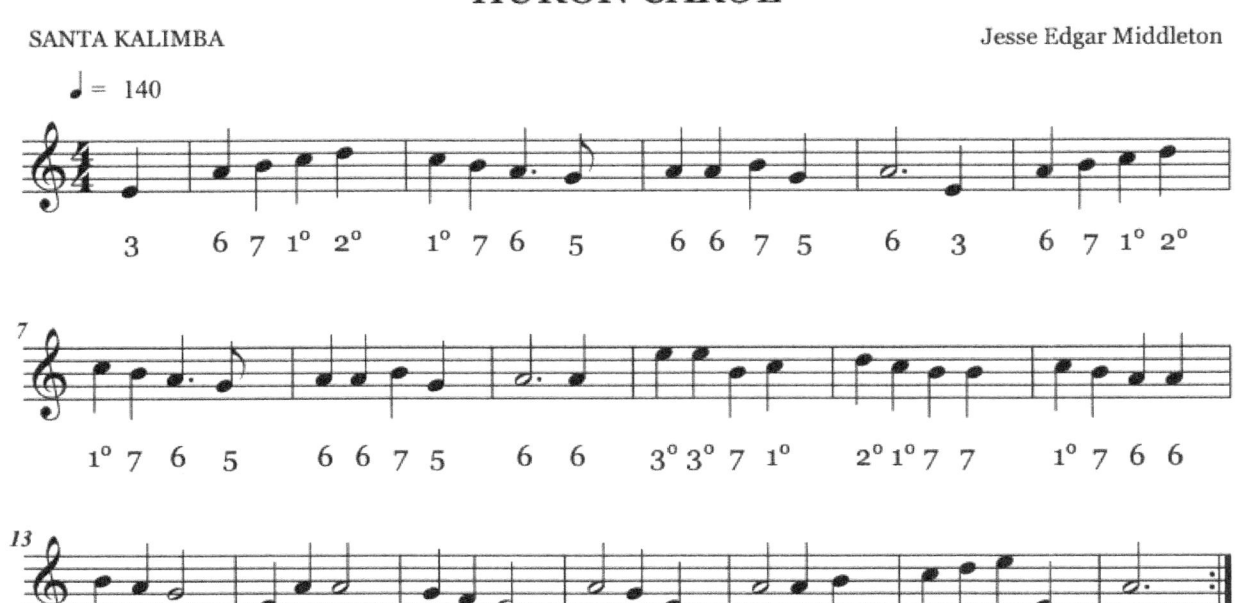

HOKAGE'S FUNERAL NARUTO

SANTA KALIMBA

Toshiro Masuda

IN THE GARDEN

SANTA KALIMBA

Charles A. Miles

5　　5 3 4 5 1° 2°　3° 3° 2° 1°　1° 1° 2° 1° 6　1° 5 7 1°

2° 2° 7 6 7　1° 2° 3° 3°　2° 3° 2° 1°　7 1° 2° 3° 2°　1° 1° 1° 7 6

7 7 7 5 5　4° 4° 4° 3° 2°　3° 3° 1° 2°　3° 3° 2° 2° 7　1° 1° 1° 6

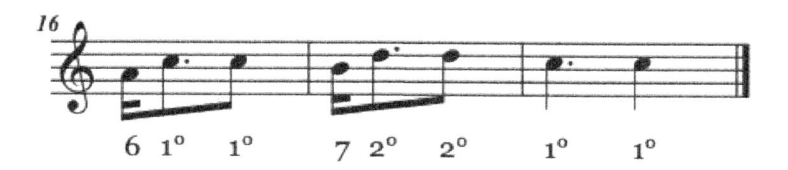

6 1° 1°　7 2° 2°　1° 1°

IU - EIGHT

SANTA KALIMBA

$\quad \bullet = 80$

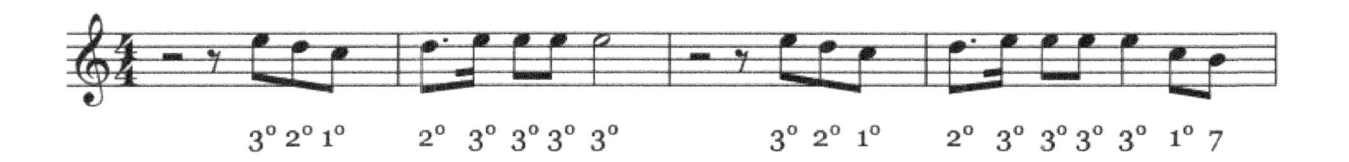

3° 2° 1°   2° 3° 3° 3° 3°   3° 2° 1°   2° 3° 3° 3° 3° 1° 7

7   3° 2° 1°   2° 3° 3° 3° 3°   1° 5° 5° 5° 5°   5° 4° 3° 2°

1°   1° 1° 1°   4° 3° 1° 4° 3° 1° 4° 3°   4° 3° 1° 3°   1° 4° 3°

4° 3° 1° 4°   3° 1° 4° 3°   4° 3° 1° 5° 4° 3°   3° 5° 4° 3° 3° 5° 4° 3°

3° 1° 1°   3°   3° 5° 4° 3° 4° 5°   5° 7° 1°° 7° 5°   5° 6° 5° 6° 5°

1

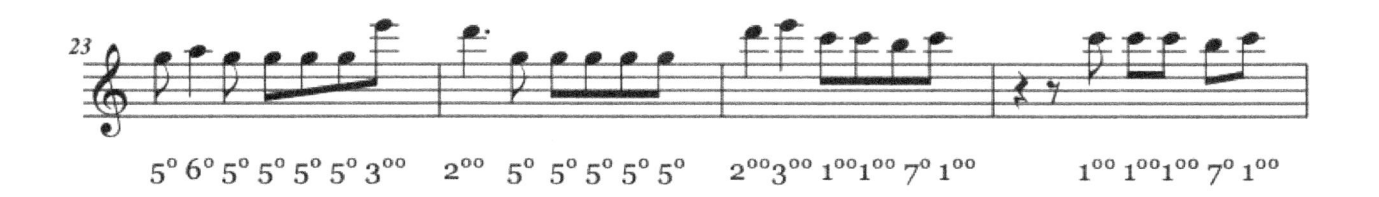

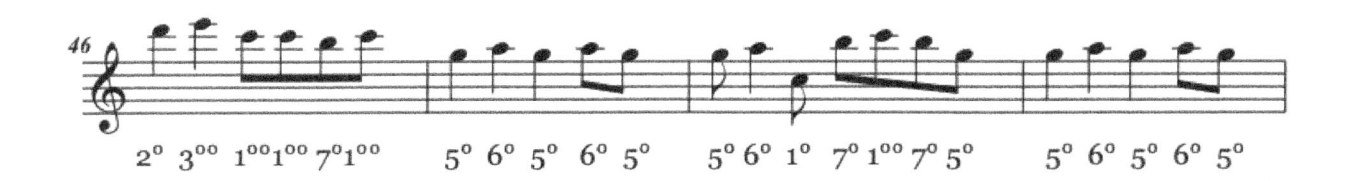

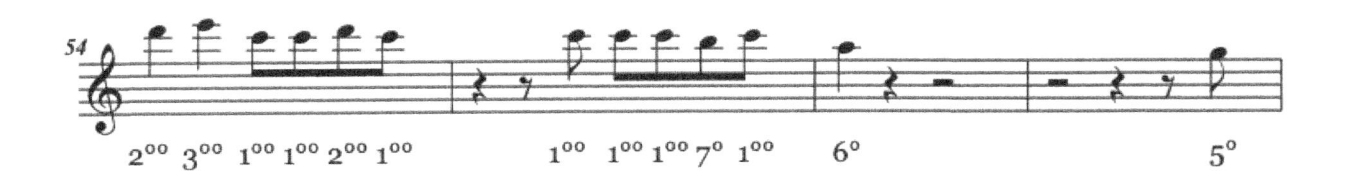

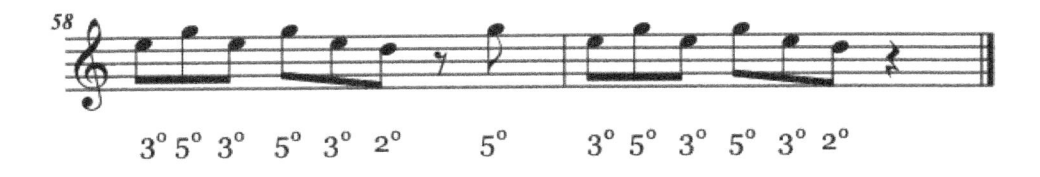

3

MARCH IN C MAJOR

SANTA KALIMBA

40

MOON RIVER
Breakfast at Tiffany's

SANTA KALIMBA

Henry Mancini & Johnny Mercer

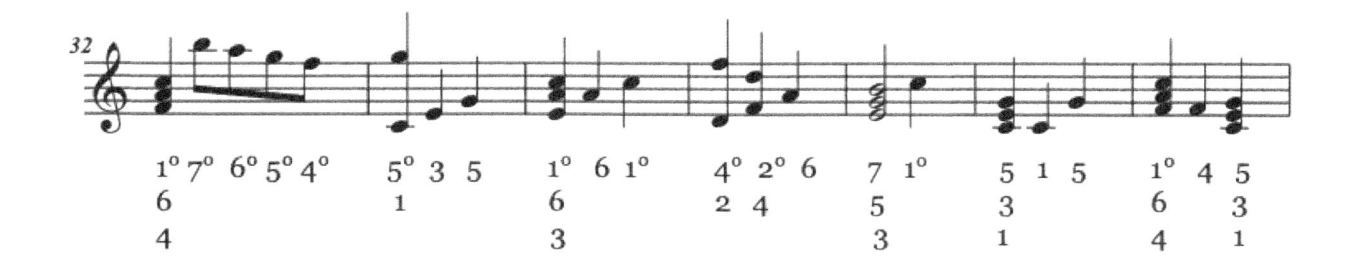

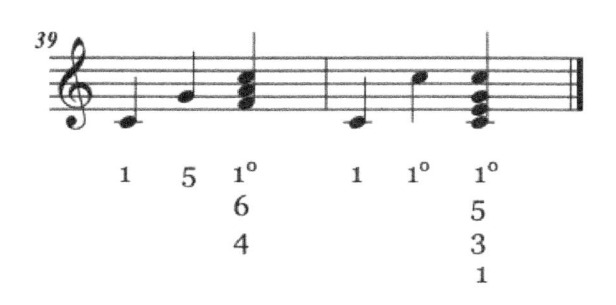

MORNING HAS BROKEN

SANTA KALIMBA

Traditional Scottish

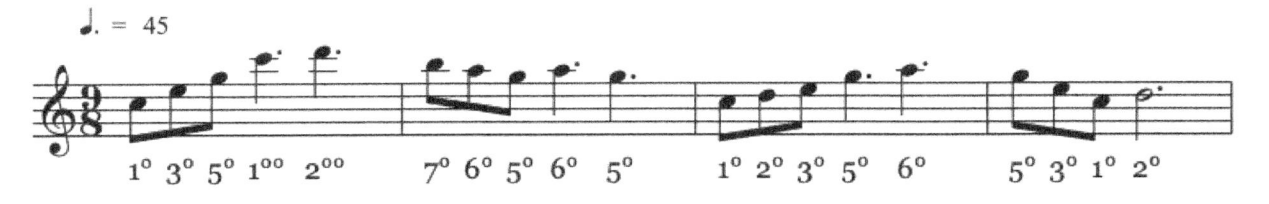

1° 3° 5° 1°° 2°°   7° 6° 5° 6° 5°   1° 2° 3° 5° 6°   5° 3° 1° 2°

5° 3° 5° 1°° 6°   5° 3° 1° 1° 2°   3° 2° 3° 5° 6°   2° 3° 2° 1°

MY SWEET LORD

SANTA KALIMBA

George Harrison

NANANA SONG
Harvest Moon: Back To Nature

♩ = 120

1° 2° 1° 1° 5   3° 4° 5° 3° 5   1° 5° 6° 5° 1°   4° 6° 5° 5   1° 2° 3° 1° 5
     3   3   4   1   1

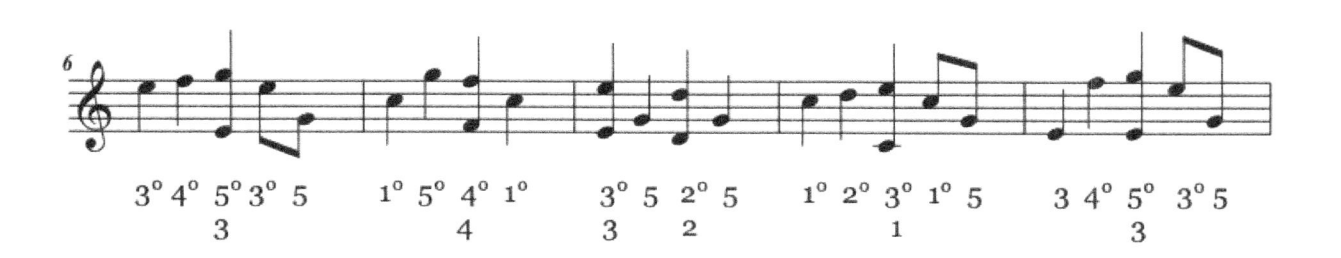

3° 4° 5° 3° 5   1° 5° 4° 1°   3° 5 2° 5   1° 2° 3° 1° 5   3 4° 5° 3° 5
     3   4   3   2   1   3

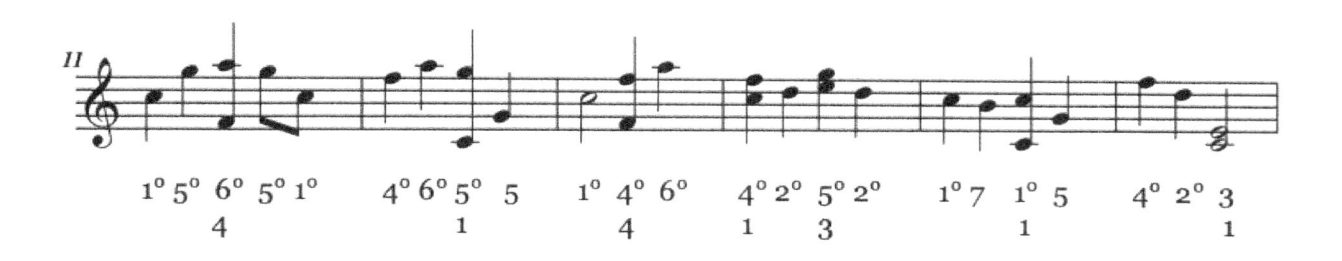

1° 5° 6° 5° 1°   4° 6° 5° 5   1° 4° 6°   4° 2° 5° 2°   1° 7 1° 5   4° 2° 3
     4   1   4   1   3   1   1

1° 2° 3° 5   1° 4°   2° 3° 5 2°   7 1° 3° 6°   7° 5° 5 1°   4° 4° 3° 6 2°
     1   4   1   6   3   4

1

1° 6° 6 1 7 5° 2 6 7 5 5° 1°° 5 5° 3° 1°° 7°° 5 5° 4°
  4   5   1   1   3

3° 4° 6 3° 5 2° 5 1° 2° 3° 5 6° 5° 3° 2° 4° 5° 1°° 7° 7° 1°° 5°
  4   3   2   1   4   5   1 5

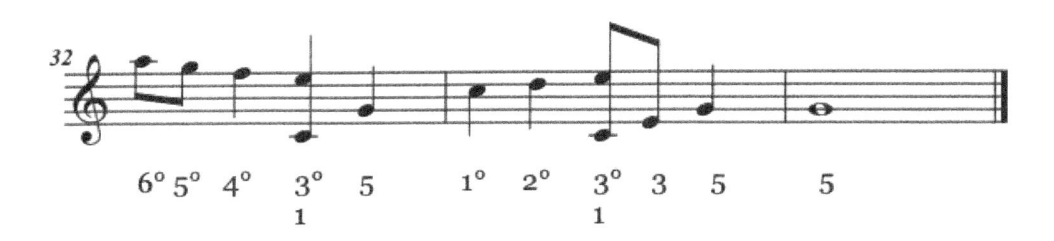

6° 5° 4° 3° 5 1° 2° 3° 3 5 5
         1   1

2

47

NEVERWINTER NIGHTS

SANTA KALIMBA

Rich House

4° 2 3 4 3° 2° 1° 7 6 5   3 4 2 4° 3° 2° 1° 7 6 5   6 4 3 5 6

4 6 2° 1° 7 6 5 6 4 4°   3° 2° 1° 5 1° 4 3° 2°   1° 7 1° 6 5 4
3   6

4° 2 4 5 6 7 4° 3° 2° 5° 2° 1°   2° 1° 7 5° 4° 3° 2° 3° 2 3 4 5 6

4° 3° 2° 1° 7   1 2 3 4 2 5   7   7 3° 2 3 4
5

6° 4° 3° 2° 1° 7 5°   2 3 4 5 4° 6 5 4

3 2 3° 3 4 5 6 7 4° 1° 7 6 5 4   4 5 6 7 3° 5° 5 5 7 2° 5°

1

48

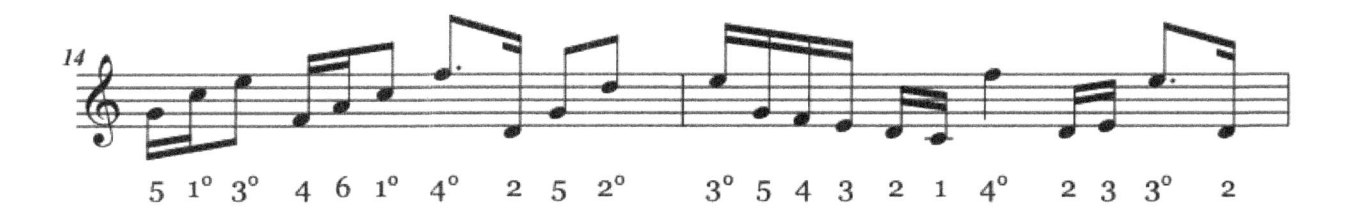

5 1° 3° 4 6 1° 4° 2 5 2° 3° 5 4 3 2 1 4° 2 3 3° 2

2° 1° 7 5 6 7 1° 2° 2° 3° 6° 6 7 1° 2° 3° 6° 7 1° 3° 6°
3°

2

O HOLY NIGHT

SANTA KALIMBA

3   3   3   5   5   6 6 4 6   1   5 5 3 2   1 3 4

5   4   2   1   5 5 4 3   7 5 6   7 1 7   3

5   5   6   2   5   6 5 1° 3   6 5 5   5   6

7 6 5   5   6 5 1° 3   5   5 6 7   1°   1° 7 6

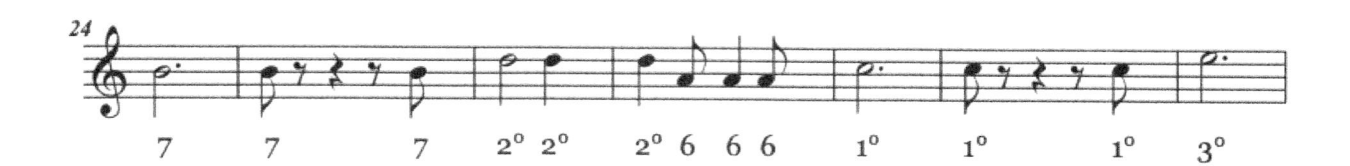

7   7   7   2° 2°   2° 6 6 6   1°   1°   1°   3°

1

50

2

ODE TO JOY

SANTA KALIMBA

Ludwig Van Beethoven

7 7 1° 2°   2° 1° 7 6   5 5 6 7   7 6 6   7 7 1° 2°

2° 1° 7 6   5 5 6 7   6 5 5   6 6 7 5   6 7 1° 7 5

6 7 1° 7 5   5 6 2   7 7 1° 2°   2° 1° 7 6   5 5 6 7

6   5   5

ONCE UPON A DREAM

SANTA KALIMBA

Sammy Fain
Jack Lawrance

♩ = 150

ONE PUNCH MAN
Main Theme

SANTA KALIMBA

REGENT SQUARE

SANTA KALIMBA

Henry Thomas Smart

♩ = 112

5 3 1° 5   3° 2° 1° 5   6 6 5 1°   5 4 3   5 3 1° 5

3° 2° 1 7   1° 7 6 7 1°   7 6 5   2° 2° 7 5   3° 2° 1° 6

4° 3° 2° 1°   1° 7 1°

SADNESS AND SORROW NARUTO

SANTA KALIMBA

Toshio Masuda

SEASON IN THE SUN

SANTA KALIMBA

Jacques Brel & Rod McKuen

♩ = 110

SONG OF MIRA

SANTA KALIMBA

Allister Macgillivray

SONG OF THE DRAGONBORN
Skyrim

SWING LOW , SWEET CHARIOT

SANTA KALIMBA

TALE OF THE TONGUES
Skyrim

SANTA KALIMBA

♩ = 115

Jeremy Soule

6 7 1° 6 2° 1° 2° 1° 3° 6 3° 6° 6° 7° 5° 3° 1° 2°
3 4 3 6
7
3° 3° 2° 3° 1°° 1° 7° 6° 7° 6° 6° 7° 1° 7° 6° 3° 6 6 7 1°
3 5 4 4 5 3
14
3° 6 7 1° 6 5 6 6 1° 3° 3° 4° 3° 2 ° 1° 2° 1° 3° 3
5 1 3 5 7 5 1
21
6° 6° 5° 4° 5° 3° 1° 2° 3° 5° 2° 7 6° 7° 1° 7° 6° 5° 6° 7°
1 5 3° 2°
27
1° 7° 6° 1° 3° 3° 2° 3° 1° 2° 3° 3° 4° 2 4° 5° 5° 6°
3 6 7 1° 5 6 7
3
34
6° 5° 2° 3° 2° 1° 3° 6 1° 2° 3° 1° 2° 3° 1° 4 6 3° 4° 3°
1 1° 3 6 7 1° 1

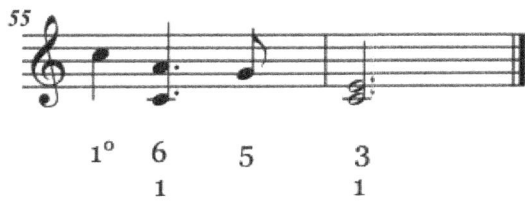

2

THE END OF THE WORLD

SANTA KALIMBA

Skeeter Davis

♩ = 95

1 3 5 1° 5 3   1 3 5 1° 5 3   1 5 5 1° 5 3   1 3 5 1° 5 3

3° 3 5 1° 3° 2°   1° 3 5 3° 6°   5° 5 7 2° 7 5   2 5 7 2° 7 5
1   1   2

1° 3 6 7 1° 7   6 3 6 1° 4   3° 5 7 3° 7 5   3 5 7 3° 7 5
1   1   3

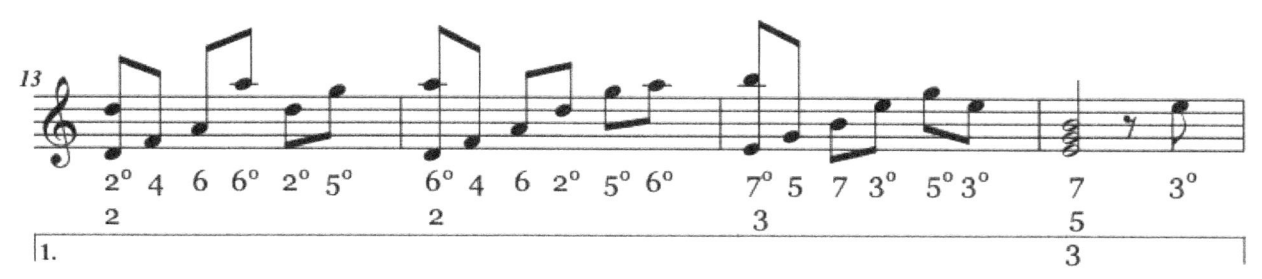

2° 4 6 6° 2° 5°   6° 4 6 2° 5° 6°   7° 5 7 3° 5° 3°   7   3°
2   2   3   5
                                                          3

1.

6° 4 6 5° 1° 6   4° 4 3° 6 2° 3°   4° 5 7 2° 7 2°   5
1   2   2

1

THE LAST OF US MAIN THEME

SANTA KALIMBA

1

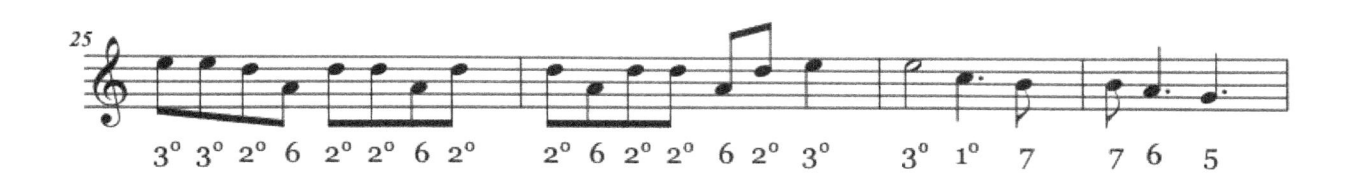

THE THREE LITTLE KITTENS

♩ = 100

THIS PIG WENT TO MARKET

SANTA KALIMBA

♩ = 80

7   7   6   6   5   6   7   2°   1°   7   6

1°   1°   7   6   2°   7   5   5   6   2   2   5

1°   1°   7   6   2°   7   5   5   5   5   6   6   5

72

WHAT A WONDERFUL WORLD

SANTA KALIMBA

George David Weiss
Bob Thiele

WİEGENLİED

SANTA KALİMBA

Johannes Brahms